국가공인 한자급수자격검정대비

KTA
대한검정회
Korea Test Association
추천 도서

KB073651

대한검정회

漢字

漢字급수자격 8급

8급

☑ **가장 빠른** 한자자격취득 **지침서**

☑ 8급 100%합격 **프로그램**

☑ **실전대비** 예상문제 10회 **수록**

漢字

한출판
WWW.hanjanara.co.kr

대한검정회

漢字

漢字급수자격 8급

8급

| 편 저 | 이용재
| 편 집 | 김성화 최고호 김미연
| 디자인·삽화 | 윤지민 나현순 주승인

| 초판발행 | 2009년 01월 15일
| 15쇄 인쇄 | 2025년 02월 17일
| 발행인 | 서순길
| 발행처 | 한출판
| 등 록 | 05-01-0218
| 전 화 | 02-762-4950

ISBN : 978-89-88976-42-5

목차

교재활용법

이 책은 초학자(初學者)의 한자 학습을 보다 효과적으로 이끌어 내기 위해 다양한 문제 풀이로 유아들이 자연스럽게 한자를 익히게 한 것입니다.

이 책은 학교 및 학원, 한문서당, 유치원, 어린이집 등에서 한자교육에 입문하는 초학자의 漢字입문서(入門書)로 보다 쉽고 재미있게 흥미를 갖고 체계적인 학습이 이루어질 수 있도록 학습자(學習者)의 편의와 지도자(指導者)의 요구수준을 가장 적합하고 효과적으로 충족시킬 수 있도록 구성되었습니다.

이 책을 활용하기 앞서 다음의 내용을 숙지하시면 보다 체계적이고 효과적으로 단계별 프로그램식 한자학습(漢字學習)이 이루어지리라 사료됩니다.

이 책은 첫째마당 본문 학습편, 둘째마당 응용편, 셋째마당 예상문제편을 수록하여 단계별 영역에 따라 구성하였습니다.

본문 학습편 (本文 學習篇)

첫째마당 본문 학습편은 1)읽기 과정 2)본문 학습과정 3)사자성어 학습과정으로 체계적이고 과학적인 한자학습 프로그램이 이루어질 수 있도록 구성하였습니다.

1) 읽기 과정

국가공인 대한검정회 선정한자(選定漢字) 30字(8급)를 바탕으로 실생활에서 많이 쓰이는 낱말을 한자어로 만들어 본문 학습에 따른 예습과 복습을 위해 읽기과정을 구성하였습니다.

2) 본문 학습과정

(1) 한자 훈음 및 부수와 연상그림 영역에서는 한자에 따른 훈음, 부수, 총획, 영문을 漢字옥편 형식으로 수록하였고, 그림을 통해 연상학습을 할 수 있도록 하였습니다.

(2) 한자쓰기 영역에서는 기존의 획일화된 필순(筆順)에서 탈피하여 현장감을 가미, 획기적이고 실용적으로 글자 한 획 한 획을 직접 화살표 방향으로 써가며 필순을 익힐 수 있도록 하였고, 바른 글씨 쓰기와 글씨 교정을 위해 서예에서 적용하는 "米"(쌀미)자 방식의 습자란(習字欄)을 수록하였습니다.

(3) 한자의 유래와 활용낱말 영역에서는 한자의 유래에 의한 자원학습과 낱말을 국어 사전을 참조하여 수록하여 한자와 우리말을 자연스럽게 학습할 수 있도록 하였습니다.

(4) 단원별 확인학습 영역에서는 본문에서 학습한 내용을 다양한 문제를 통하여 문제해결 능력을 배양하고 학습능력을 평가하도록 하였습니다.

3) 사자성어 학습과정

사자성어를 연상그림과 함께 쓰면서 익힐 수 있도록 하였으며 성어풀이와 활용 예문을 수록하였습니다.

응용편 (應用篇)

1) **부수 영역** 한자의 뜻을 모아 자전을 만들 경우 찾아보기 쉽게 배열하기 위하여 수많은 한자의 형태를 분석하여 서로 공통되는 부분이 있는 글자들끼리 모은 것을 부수(部首)라 하는데 자전의 부수 나열 순으로 각 부수에 해당되는 한자들을 정리·수록하여 한자의 부수를 이해하게 하였습니다.

2) **표제훈음 영역** 본문에서 학습한 한자(30字)를 국가공인 기관인 대한검정회에서 채택한 표제훈음으로 정리하여 예습·복습할 수 있도록 하였습니다.

3) **한자어사전 영역** 본문에서 학습한 한자(30字) 범위 내에서 일상생활에서 많이 사용하고 있는 낱말을 수록하여 학습자에게는 낱말의 활용능력을, 지도교사에게는 많은 예문으로 사용할 수 있도록 하였습니다.

예상문제편 (豫想問題篇)

국가공인 대한검정회 시행 한자급수자격검정시험 및 전국한문실력경시대회에서 시험문제로 출제될 수 있는 예상문제 10회 분량을 모범답안과 함께 수록하여 학습자들의 학습능력 정도를 파악하고, 한자자격시험을 통해 한자자격증을 취득할 수 있도록 하였을 뿐만 아니라, 전국한문실력경시대회의 수험서로 활용할 수 있도록 하였습니다.

한자 공부의 기초

한자의 기원설(起源說)

한자는 원래 문(文)과 자(字)라는 이름으로 생성된 것이며, 언제부터 창제된 것인지는 정확히 말할 수 없습니다. 다만 고대 임금인 복희씨(伏犧氏)가 최초로 서계(書契)를 만들어 주역(周易)의 근거를 마련하였다고 전해지며, 그 후 황제(黃帝)의 신하였던 창힐(蒼頡)이 새 발자국을 보고 새의 종류를 구별할 수 있었던 데서, 처음으로 문자(文字)를 만들게 되었다고 합니다.

모든 고대문자의 근원이 그러하듯이 한자(漢字)도 그림에서부터 출발하여 오늘날의 정형화된 문자로 발전하게 된 것입니다.

한자의 3요소 (모양[形]·소리[音]·뜻[義])

한자는 글자마다 고유한 모양[形(형)]·소리[音(음)]·뜻[義(의)]의 3요소를 갖추고 있습니다. 따라서 한자를 공부할 때에는 이들 3요소를 한 덩어리로 동시에 익혀야 합니다.

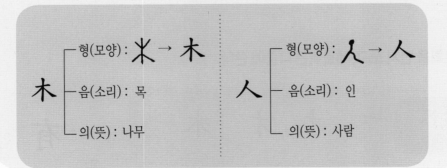

木
- 형(모양) : 米 → 木
- 음(소리) : 목
- 의(뜻) : 나무

人
- 형(모양) : 人 → 人
- 음(소리) : 인
- 의(뜻) : 사람

한자의 필순(筆順)

(1) 필순의 정의 : 글자를 쓸 때 획을 긋는 순서를 '필순'이라 합니다.
(2) 필순의 원칙 : 한자를 짜임새있고 편리하게 쓰기 위해 합리적인 순서를 정한 것이며, 개인·국가·서체에 따라 달라지는 경우가 있습니다. 우리나라에서 일반적으로 적용되는 필순의 원칙을 몇 가지로 정리하면 다음과 같습니다.

1 위에서 아래로 쓴다.

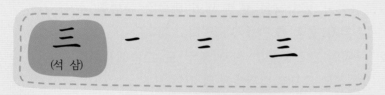

2 왼쪽에서 오른쪽으로 쓴다.

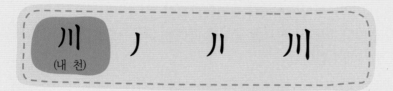

3 가로획을 먼저 쓰고, 세로획은 나중에 쓴다.

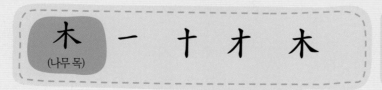

예외] 有 右

4 좌우 대칭을 이루는 글자는 가운데를 먼저 쓰고 왼쪽, 오른쪽 순서로 쓴다.

5 글자 전체를 세로로 꿰뚫는 획은 맨 나중에 쓴다.

6 글자 전체를 가로로 꿰뚫는 획은 맨 나중에 쓴다.

7 몸과 안으로 된 글자는 몸을 먼저 쓴다.

8 삐침과 파임이 만날 경우에는 삐침을 먼저 쓴다.

⑨ 받침으로 쓰이는 글자 중 '走'나 '是'는 먼저 쓴다.

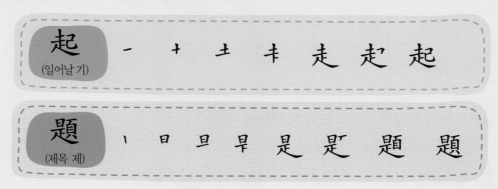

起
(일어날 기) 一　十　土　丰　走　起　起

題
(제목 제) 丶　日　旦　早　是　是　題　題

⑩ 받침으로 쓰이는 글자 중 '辶' 이나 '廴'은 맨 나중에 쓴다.

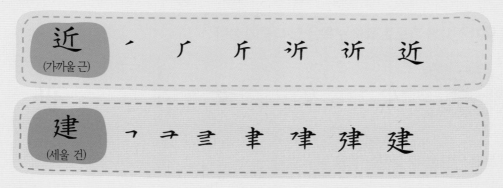

近
(가까울 근) ノ　厂　斤　沂　近　近

建
(세울 건) フ　ㄱ　ㅋ　聿　聿　建　建

⑪ 오른쪽 위의 점은 맨 나중에 쓴다.

犬
(개 견) 一　ナ　大　犬

戈
(창 과) 一　弋　戈　戈

본문학습편

첫째마당

※본란(本欄)은 본문 학습과정의 한자를 예습 및 복습을 위해 읽기과정의 배열순으로 나열하였습니다.

一 二 三 四

五 六 七 八

九 十 日 月

火 水 木 金

읽기 과정

※본란(本欄)은 본문 학습과정의 한자를 예습 및 복습을 위해 읽기과정의 배열순으로 나열하였습니다.

土 日	水 門
東 西	南 北
男 子	女 人
父 母	兄 弟

one

한 일
(一, 총1획)

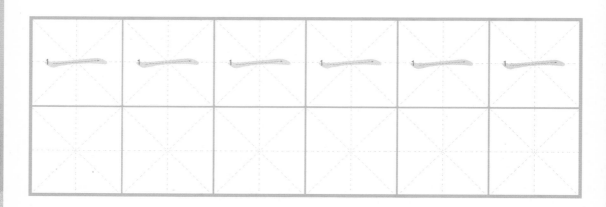

여러분! 함께 공부해 봅시다.

한자의유래 나무 막대 하나가 놓여 있는 형상으로, 수량의 '하나'를 나타낸다.

활용낱말 一月(일월) : 1년 중의 첫 달. 정월.
一日(일일) : ①하루. 종일(終日). ②어느 한 날. ③그 달의 첫날.

two

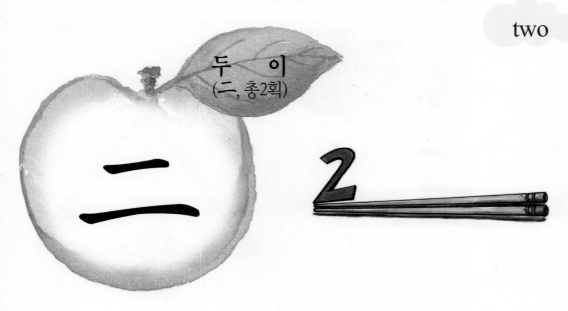

두 이
(二, 총2획)

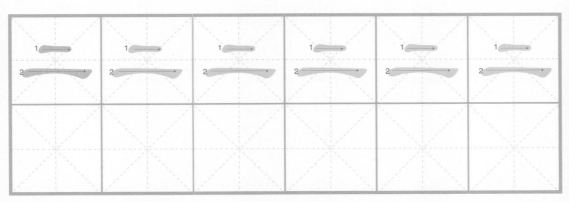

一 二 : 하나, 둘 예문) 숫자 '1, 2'에 해당하는 한자를 '一, 二'라 합니다.

여러분! 함께 공부해 봅시다.

한자의유래
나무 막대 두 개가 놓여 있는 형상으로, 수량의 '둘' 또는 '짝'을 나타낸다.

활용낱말
二月(이:월) : 한 해 열두 달 가운데 둘째 달.
二日(이:일) : 그 달의 둘째 날. 이틀.

three

석 삼
(一, 총3획)

여러분! 함께 공부해 봅시다.

한자의유래 길이가 같은 세 개의 가로 획(三)으로써 숫자 '셋'을 나타낸다.

활용낱말 三三五五(삼삼오오) : 서넛 또는 대여섯 사람이 여기저기 무리지어 다니거나 무슨 일을 하는 모양.
三日(삼일) : 사흘.

four

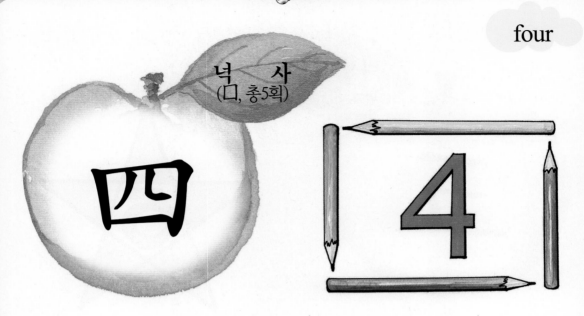

넉   사
(口, 총5획)

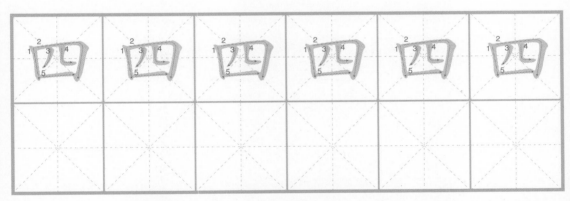

🌱 三四 : 셋, 넷 예문) 초등학교 '三, 四'학년의 소풍놀이가 시작되었습니다.

여러분! 함께 공부해 봅시다.

한자의유래 '口'는 사방(四方)을 본뜬 것이며, 'ㅅ'은 나눈다는 뜻으로 사방을
각각 네부분으로 나누는 모양으로써 '넷'의 뜻을 나타낸다.

활용낱말 四十(사:십) : 마흔(40).
四日(사:일) : 나흘.

다섯 오
(二, 총4획)

 여러분! 함께 공부해 봅시다.

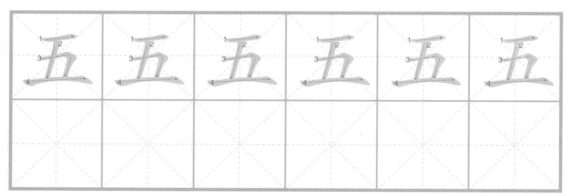

한자의유래 음(陰)과 양(陽)을 뜻하는 '二'와 서로 합쳐짐을 나타내는 '×'가 합쳐진 글자, 즉 음양이 합쳐져 오행(五行)의 조화를 이룬다는 데서 '다섯'을 의미한다.

활용낱말 五六月(오:뉴월) : 오월과 유월.
五日(오:일) : 닷새.

six

여섯 륙
(八, 총4획)

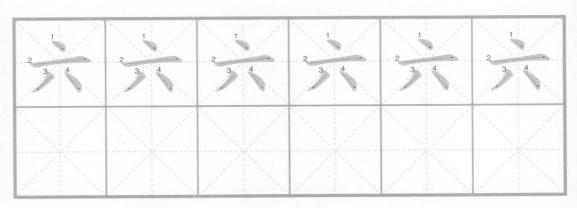

五六 : 다섯, 여섯 예문) 유치원에는 '五, 六'세 어린이가 가장 많습니다.

여러분! 함께 공부해 봅시다.

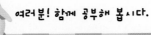

한자의유래 본디 들입(入)자로 통하는 'ㅗ'와 'ㅅ'이 합쳐져 짝수의 기본수 가운데 가장 큰 '팔(八)'에서 더 들어간 수인 '여섯'을 의미한다.

활용낱말 六月(유월) : 한 해의 여섯째 달.
六十(육십) : 예순(60).

seven

일곱 칠
(一, 총2획)

七

七 七 七 七 七 七

 여러분! 함께 공부해 봅시다.

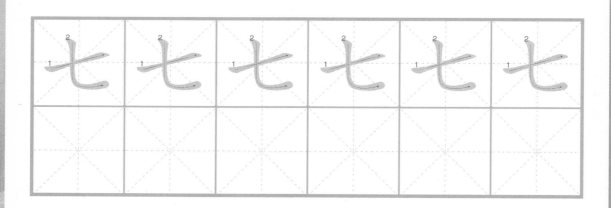

한자의유래 '七'자의 옛 글꼴은 '十'자와 같은 모양이었는데, '十'보다 작은 수로 '十'의 세로획이 완전하지 못하고 구부러져 있는 '일곱'이란 뜻을 나타낸다.

활용낱말 七日(칠일) : 초이레.
七八月(칠팔월) : 칠월과 팔월.

eight

여덟 팔
(八, 총2획)

七八 : 일곱, 여덟 예문) 여름 방학은 '七, 八'월에 있습니다.

여러분! 함께 공부해 봅시다.

한자의유래 사물이 둘로 나뉘어져 서로 등지고 있는 모양을 나타낸 데서, 0에서 9까지의 숫자 가운데 둘로 나눌 수 있는 제일 큰 수인 '여덟'을 의미한다.

활용낱말 八十(팔십) : 여든(80).
八日(팔일) : 여드레. 여드렛날.

nine

아홉 구
(乙, 총2획)

九

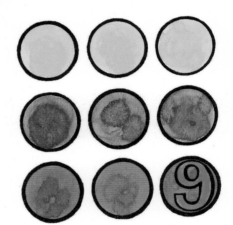

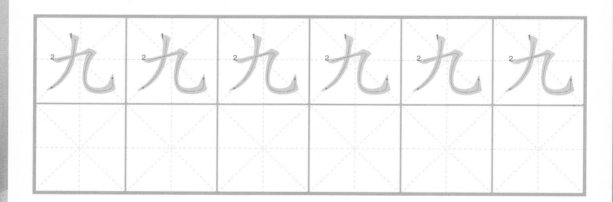

여러분! 함께 공부해 봅시다.

한자의유래

굴곡의 변화가 많은 모양으로 끝, 마지막을 나타내며, 기본수의 마지막 '아홉'을 의미한다.

활용낱말

八九月(팔구월) : 팔월과 구월.

九九(구구) : 셈법의 하나. 구구법(九九法).

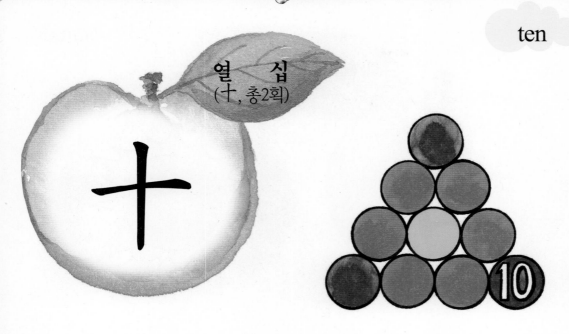

ten

열 십
(十, 총2획)

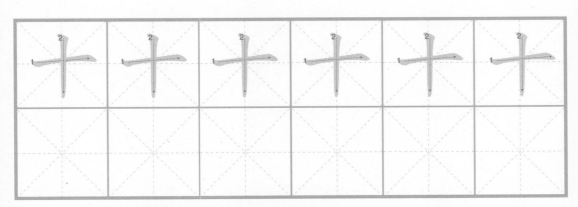

九十 : 아홉, 열 예문) 아흔 살의 나이를 한자로 '九十'세라 말합니다.

여러분! 함께 공부해 봅시다.

한자의유래
동서(東西)를 나타내는 '一'과 남북(南北)을 나타내는 'ㅣ'이 동서남북(東西南北)과 중앙이 모두 갖추어져 있다는 뜻으로 수에서 갖추어진 '열'을 의미한다.

활용낱말
十日(십일) : 열흘.
十月(시월) : 한해의 열번째 달.

sun,day

해(날) 일
(日, 총4획)

여러분! 함께 공부해 봅시다.

한자의유래 | 태양의 모양을 본뜬 글자. 나아가 해가 아침에 떠서 저녁에 지면 하루가 가므로 '날'이란 뜻으로 발전하였다.

활용낱말 | 日東(일동) : 해가 동쪽에 뜸.
五日(오:일) : 닷새.

moon

달 월
(月, 총4획)

月 月 月 月 月 月

日月 : 해와 달. (날과 달이 뜻으로) '세월'을 이름. 예문) 日月은 낮과 밤으로 세상을 밝게 합니다.

여러분! 함께 공부해 봅시다.

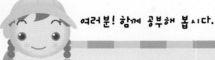

한자의유래
초승달은 차츰 충만해져서 보름달이 되고, 보름달은 차츰 이지러져서 그믐달이 되므로 '月'은 이지러진 달의 모양을 본뜬 글자이다.

활용낱말
三月(삼월) : 한 해의 셋째 되는 달.
九月(구월) : 한해의 아홉째 달.

fire

불 화
(火, 총4획)

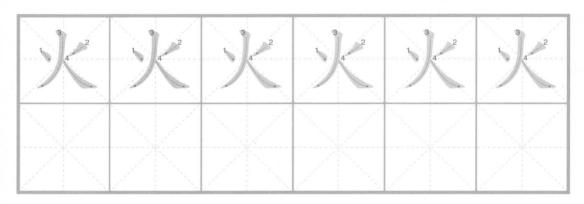

 여러분! 함께 공부해 봅시다.

한자의유래 불이 활활 타오르는 모양을 본뜬 글자이다.

활용낱말
火木(화:목) : 땔감으로 쓸 나무.
人火(인화) : 사람의 과실에 의한 화재.

water

물 수
(水, 총4획)

水

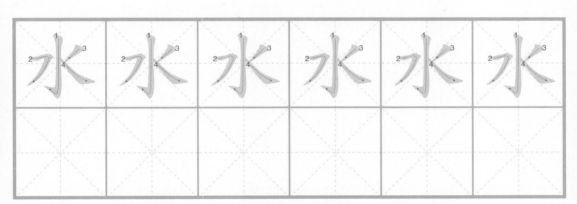

火水 : 화요일과 수요일 예문) '火, 水'요일은 방과 후 한문(漢文) 수업이 있습니다.

 여러분! 함께 공부해 봅시다.

 끊임없이 흐르는 물줄기와 물방울 또는 물결의 흐름을 본뜬 글자이다.

 水門(수문) : 저수지나 수로(水路)에 설치하여 수량(水量)을 조절하는 문.
水火(수화) : 물과 불.

tree

나무 목
(木, 총4획)

木 木 木 木 木 木

 여러분! 함께 공부해 봅시다.

한자의유래 나무의 가지와 뿌리를 갖추고 서 있는 모양을 본뜬 글자이다.

활용낱말 木門(목문) : 나무로 짠 문.
木人(목인) : 나무로 만든 사람 형상.

쇠   금
(金, 총8획)

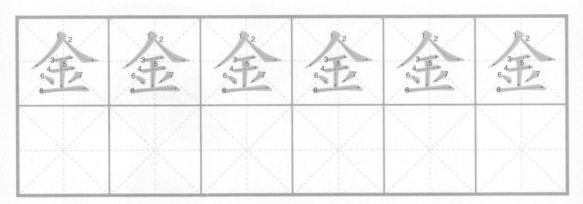

木金 : 목요일과 금요일. 예문) '木, 金'요일은 유치원에서 한자(漢字) 공부를 합니다.

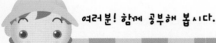

여러분! 함께 공부해 봅시다.

한자의유래
땅(土) 속에 묻혀 있으면서 반짝이는 광석으로, 그 가운데에 가장
귀한 '황금'을 의미한다.

활용낱말
金門(금문) : 궁궐의 문.
十八金(십팔금) : 금붙이의 순도를 나타내는 말.

확인학습 ①

🎏 다음 그림에 알맞은 한자의 훈음을 고르시오.

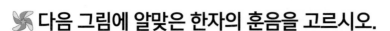

보기　　①나무목　②넉 사　③여덟팔　④열 십

1. 八 (　　　　)

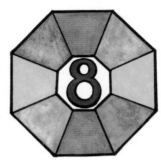

2. 木 (　　　　)

🎏 다음 훈음에 맞는 한자를 고르시오.

보기　　①金　　②二　　③十　　④七

3. 쇠 금 (　　　　)　　　4. 두 이 (　　　　)

다음 물음에 알맞은 한자를 보기에서 골라 그 번호를 쓰시오.

보기   ①日   ②火   ③水   ④月

5. '태양의 모양'을 본떠서 만든
한자는?   (   )

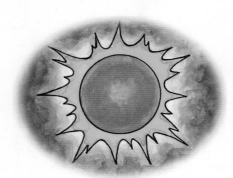

6. '日'과 반대되는 뜻의 한자는?
              (   )

다음 물음에 알맞은 답을 쓰시오.

7. 우리 집 전화번호는 1 2 - 3 4 5 - 6 7 8 9 번입니다.
   숫자를 한자로 쓰시오.

□□ - □□□ - □□□□

soil

흙 토
(土, 총3획)

흙으로 만든 그릇들

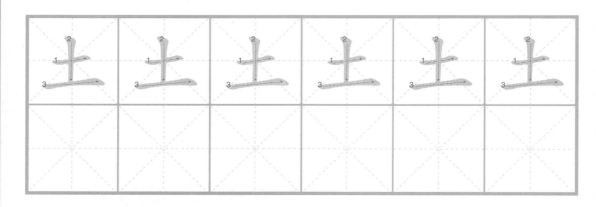

여러분! 함께 공부해 봅시다.

한자의유래
땅위에 쌓아놓은 한 무더기의 흙 모양을 본뜬 글자이다. 일설에는 식물이 땅(一)을 뚫고 싹이 자라듯이 식물의 생육을 돕는 '흙'을 의미한다.

활용낱말
土人(토인) : ①미개한 지역에 정착하여 원시적인 생활을 하고 있는 종족을 얕잡아 이르는 말. ②흙으로 만든 인형.

漢字를 알면 世上이 보인다!

gate

문 문
(門, 총8획)

門

門	門	門	門	門	門

 土門 : 흙으로 만든 문. 예문) 옛날에는 '土門'을 만들어 사용하였습니다.

여러분! 함께 공부해 봅시다.

한자의유래 두 개의 문짝이 달려있는 모양을 본뜬 글자이다.

활용낱말 南門(남문) : 남쪽에 있는 정문.
門人(문인) : ①제자. 문하생(門下生). ②문지기.

east

동녘 동
(木, 총8획)

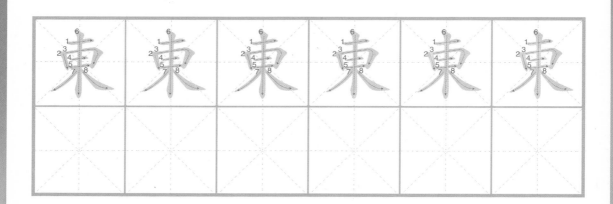

 여러분! 함께 공부해 봅시다.

 한자의유래
태양(日)이 나무(木) 사이에 걸쳐 있는 모양으로 해가 동쪽에서 떠올라 나무 사이에 보이는 형상으로 '동쪽'을 의미한다.

활용낱말
東門(동문) : 동쪽으로 난 문.
東西南北(동서남북) : 동쪽과 서쪽과 남쪽과 북쪽. 곧 사방.

west

서녘 서
(西, 총6획)

西

西 西 西 西 西 西

東西 : 동쪽과 서쪽   예문) 올림픽 경기는 東西 대양의 화합을 이루는 큰 잔치입니다.

여러분! 함께 공부해 봅시다.

한자의유래 | 새가 보금자리에 드는 모습을 본뜬 글자로, 새가 보금자리로 드는 때는 해가 서쪽으로 질 때이므로 '서쪽'을 나타낸다.

활용낱말 | 西北(서북) : 서쪽과 북쪽.
西門(서문) : 서쪽으로 나 있는 문.

south

남녀 남
(十, 총9획)

南	南	南	南	南	南

 여러분! 함께 공부해 봅시다.

한자의유래 옛날 남방민족이 사용했던 나무에 매달아 치는 종과 비슷한 타악기의 모양을 본뜬 글자로, 후에 와서 '남쪽'을 나타내게 되었다.

활용낱말 南男北女(남남북녀) : 우리나라에서 남자는 남부지방에서 여자는 북부지방에서 잘난 사람이 많다는 뜻으로 옛부터 일러오는 말.

north

북녘 북
(匕, 총5획)

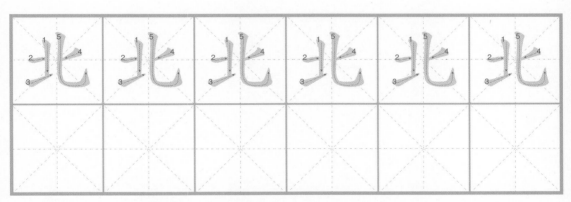

 南北 : 남쪽과 북쪽 예문) 서울에서 南北 축구시합이 열렸습니다.

여러분! 함께 공부해 봅시다.

 한자의유래
두 사람이 서로 등을 맞대고 있는 모양이다. 사람이 밝은 쪽을 향하고 집도 남향으로 지으며, 그 반대쪽을 '북쪽'으로 삼는다. 또한 '적에게 등을 보이고 달아나다(배)'는 뜻을 갖는다.

 활용낱말
北門(북문) : 북쪽으로 낸 문.
北人(북인) : 북방의 사람.

man,male

남자 남
(田, 총7획)

男 男 男 男 男 男

여러분! 함께 공부해 봅시다.

한자의유래 밭(田)에 나가 농기구를 사용하여 힘(力)써 일하는 사내라는 데서 '남자'라는 의미를 나타낸다.

활용낱말 男女(남녀) : 남자와 여자.
男子(남자) : ①남성인 사람. 사나이. ②남성다운 사내.

son

아들 자
(子, 총3획)

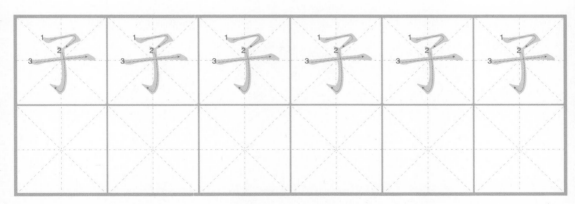

🌱 男子 : 남성인 사람. 사나이. 남성다운 사내. 예문) 해마다 男子 아이의 수가 늘어나고 있습니다.

여러분! 함께 공부해 봅시다.

한자의유래 사람의 머리와 손발의 모양을 본뜬 글자로, 다리가 하나인 것은 강보에 쌓인 어린아이의 모양을 본떴기 때문이다.

활용낱말 子女(자녀) : 아들과 딸. 아들딸.
子弟(자제) : 남의 집 아들을 높여 일컫는 말.

female

여자 녀
(女, 총3획)

女	女	女	女	女	女

 여러분! 함께 공부해 봅시다.

한자의유래   여자가 두 손을 모으고 무릎을 굽혀 유순하고 얌전하게 앉아 있는 모습을 본뜬 글자이다.

활용낱말   男女(남녀) : 남자와 여자.
女子(여자) : 사람을 두 성(性)으로 나눈 한쪽. 여성인 사람.

漢字를 알면 世上이 보인다!

people

사람 인
(人, 총2획)

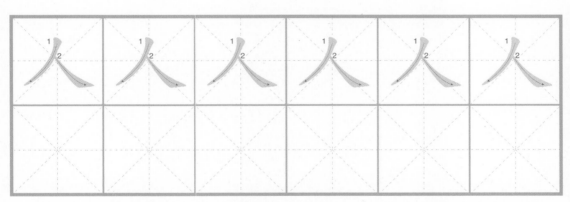

女人 : 어른인 여자. 예문) 새봄은 女人들의 옷차림에서 찾아온다고 합니다.

 여러분! 함께 공부해 봅시다.

한자의유래
사람이 두 팔을 앞으로 뻗고 서 있는 모습을 본뜬 글자로, 직립(直立효)
보행으로 다른 동물과 구별되는 사람만의 특징을 표현한 글자이다.

활용낱말
西人(서인) : 서양인.
南人(남인) : 남쪽 나라의 사람.

father

아버지 부
(父, 총4획)

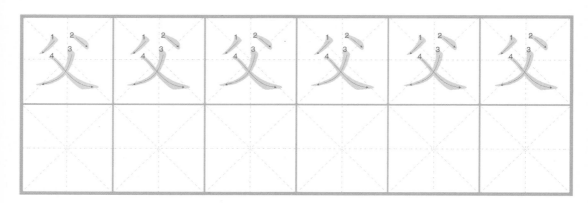

 여러분! 함께 공부해 봅시다.

한자의유래
채찍을 들고 가족을 거느려 가르치는 것은 집안의 가장인 '아버지'를 의미하며, 또한 돌도끼와 같은 도구를 가지고 일하는 남자 곧 '아비, 아버지'를 뜻한다.

활용낱말
父子(부자) : 아버지와 아들.
父兄(부형) : ①아버지와 형. ②학교에서 '학생(아동)의 보호자'를 두루 일컫는 말.

mother

어머니 모
(母, 총5획)

母	母	母	母	母	母

 父母 : 아버지와 어머니. 예문) 父母님의 은혜는 하늘과 같습니다.

여러분! 함께 공부해 봅시다.

 한자의유래

여자가 가슴을 드러내고 어린 아이에게 젖을 먹이는 모양으로, '어미, 어머니'를 의미한다.

 활용낱말

母女(모:녀) : 어머니와 딸.
母子(모:자) : 어머니와 아들.

elder brother

맏 형
(儿, 총5획)

兄

 여러분! 함께 공부해 봅시다.

한자의유래
입을 크게 벌려 아우를 타이르거나 명령하는 사람으로 '윗사람, 형'을 의미한다.

활용낱말
大兄(대:형) : ①맏형. ②형에 대한 존칭.
父兄(부형) : ①아버지와 형. ②학교에서 '학생(아동)의 보호자'를 두루 일컫는 말.

younger brother

아우 제
(弓, 총7획)

弟

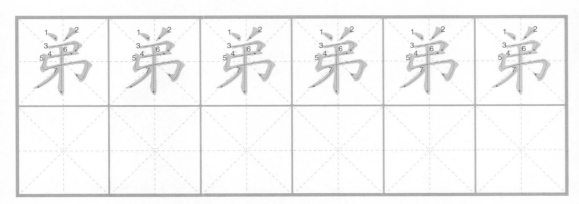

弟弟弟弟弟弟

 兄弟 : 형과 아우 예문) 우리 兄弟는 의좋기로 소문이 나 있습니다.

여러분! 함께 공부해 봅시다.

 한자의유래

막대에 새끼줄을 위에서 아래까지 차례대로 감아 내려오는
모양으로 나중에 아랫사람 '아우, 동생' 또는 '제자'를 뜻하게 되었다.

 활용낱말

弟子(제:자) : 스승의 가르침을 받거나 받은 사람. = 문도(門徒).
弟兄(제:형) : ①형제. ②남을 친밀하게 이르는 말.

확인학습 ②

✿ 다음 그림에 알맞은 한자의 훈음을 고르시오.

보기	①안 내 ②여자녀 ③아들자 ④위 상

1. 女 (   )

2. 子 (   )

✿ 다음 훈음에 맞는 한자를 고르시오.

보기	①門 ②入 ③北 ④土

3. 문 문 (   )   4. 북녘북 (   )

🌀 다음 물음에 알맞은 한자를 보기에서 골라 그 번호를 쓰시오.

보기 │ ① 男 ② 東 ③ 父 ④ 母

5. '태양이 나무의 사이에 걸쳐 있는
모양'을 본떠서 만든 한자는?

(   )

6. '밭에 나가 농기구를 사용하여 힘써
일하는 사내'를 뜻하는 한자는?

(   )

🌀 다음 한자어의 독음으로 바른 것을 고르시오.

7. 女人 (   ) ①여인   ②녀인   ③려인   ④어인

8. 兄弟 (   ) ①경제   ②경조   ③형수   ④형제

南	男	北	女
남녘 남	남자 남	북녘 북	여자 녀
(十, 총9획)	(田, 총7획)	(匕, 총5획)	(女, 총3획)

南男北女

우리나라에서 남자는 남부지방에서 여자는 북부지방에서 잘난 사람이 많다는 뜻.

예문) 우리나라에서는 옛부터 南男北女라는 말이 전해온다.

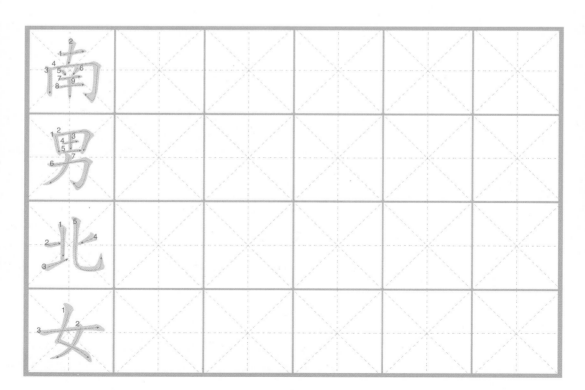

漢字를 알면 世上이 보인다!

東	西	南	北
동녘 동	서녘 서	남녘 남	북녘 북
(木, 총8획)	(?, 총6획)	(十, 총9획)	(ヒ, 총5획)

東西南北

동쪽, 서쪽, 남쪽, 북쪽(사방)

예문) 방위에서 東西南北을 사방(四方)이라
한다.

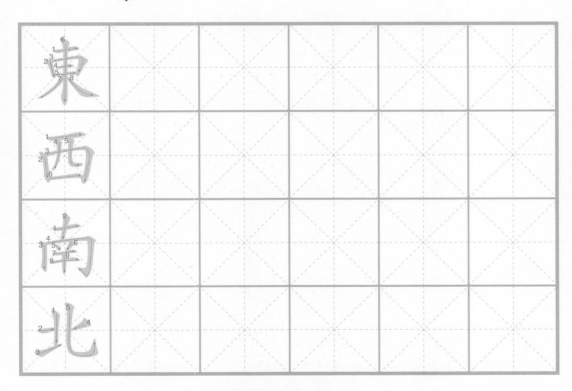

漢字를 알면 世上이 보인다!

석 삼	석 삼	다섯 오	다섯 오
(一, 총3획)	(一, 총3획)	(二, 총4획)	(二, 총4획)

三三五五

서넛 또는 대여섯 사람씩 여기저기 무리지어 다니거나 무슨 일을 하는 모양.

예문) 많은 사람들이 三三五五 거리를 거닐고 있다.

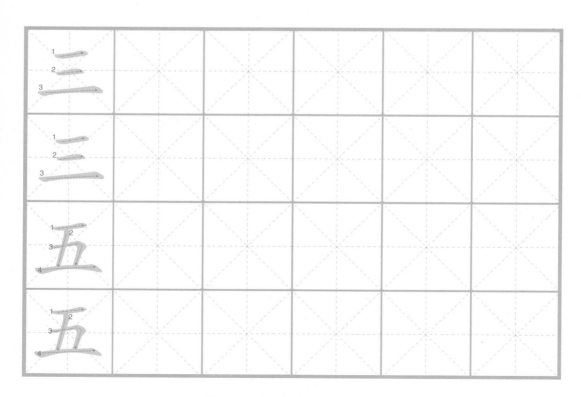

응용편

둘째마당

漢字를 알면 世上이 보인다!

8급 표제훈음

국가공인 대한검정회 선정한자

※표제훈음보다 자세한 것은 자전(옥편)을 찾아 익힙시다.

九	아홉	구	父	아버지	부	人	사람	인
金	쇠	금	北	북녘	북	日	날	일
南	남녘	남	四	넉	사	一	한	일
男	사내	남	三	석	삼	子	아들	자
女	여자	녀	西	서녘	서	弟	아우	제
東	동녘	동	水	물	수	七	일곱	칠
六	여섯	륙	十	열	십	土	흙	토
母	어머니	모	五	다섯	오	八	여덟	팔
木	나무	목	月	달	월	兄	맏	형
門	문	문	二	두	이	火	불	화

※8급 선정한자(30字)를 각 부수의 해당 한자군(漢字群)별로 분류하였다.

부수 (훈음)	해 당 한 자	부 수 (훈음)	해 당 한 자
一 (한 일)	一, 三, 七	弓 (활 궁)	弟
乙 (새 을)	九	日 (날 일)	日
二 (두 이)	二, 五	月 (달 월)	月
人 (사람인)	人	木 (나무목)	木, 東
儿 (어진사람인)	兄	毋 (말 무)	母
八 (여덟팔)	六, 八	水 (물 수)	水
匕 (비수비)	北	火 (불 화)	火
十 (열 십)	十, 南	父 (아버지부)	父
口 (에울위)	四	田 (밭 전)	男
土 (흙 토)	土	襾 (덮을아)	西
女 (여자녀)	女	金 (쇠 금)	金
子 (아들자)	子	門 (문 문)	門

한자어 사전

九九(구구): 셈법의 하나. 구구법(九九法).

九十月(구시월): 구월과 시월.

九月(구월): 한해의 아홉째 달.

九日(구일): ①한 달의 아홉째 날. ②예전 명절이었던 구월 구일로 이날 남자들은
　　　시를 짓고, 가정에서는 국화전을 만들어 먹고 놀았음.

金門(금문): 궁궐의 문.

金人(금인): 금속으로 만든 사람의 상. 동상(銅像).

南男北女(남남북녀): 우리나라에서 남자는 남부지방에서 여자는 북부지방에서
　　　잘난 사람이 많다는 뜻.

南門(남문): 남쪽에 있는 정문.

南北(남북): 남과 북. 남쪽과 북쪽.

南人(남인): 남쪽 나라의 사람.

南土(남토): 남쪽의 땅.

男女(남녀): 남자와 여자.

男子(남자): ①남성인 사람. 사나이.　②남성다운 사내.

東南(동남): 동쪽과 남쪽.

東門(동문): 동쪽으로 난 문.

東北(동북): 동쪽과 북쪽. 북동.

東西(동서): 동쪽과 서쪽.

東西南北(동서남북): 동쪽과 서쪽과 남쪽과 북쪽. 곧 사방.

母女(모:녀): 어머니와 딸.

母子(모:자): 어머니와 아들.

木門(목문): 나무로 짠 문.

木人(목인): 나무로 만든 사람 형상.

門人(문인): ①제자, 문하생(門下生). ②문지기.

門弟(문제): 제자. 문하생(門下生).

門弟子(문제자): 제자.

父女(부녀): 아버지와 딸.

父母(부모): 아버지와 어머니. 어버이. 양친.

父子(부자): 아버지와 아들.

父兄(부형): ①아버지와 형. ②학교에서 '학생(아동)의 보호자'를 두루 일컫는 말.

北門(북문): 북쪽으로 낸 문.

北人(북인): 북방의 사람.

四十(사:십): 마흔(40).

四日(사:일): 나흘.

三南(삼남):영남, 호남 및 충청지방을 통틀어 이르는 말.

三男(삼남): ①셋째 아들. ②세 형제. 삼형제.

三女(삼녀): ①셋째 딸. ②세 딸. 딸 삼형제.

三三五五(삼삼오오): 서넛 또는 대여섯 사람이 여기저기 무리지어 다니거나 무슨
　　　　일을 하는 모양.

三十(삼십): 서른(30).

三月(삼월): 한 해의 셋째되는 달.

三日(삼일): 사흘.

三七(삼칠): ①이십일 일. ②이백십 년.

三七日(삼칠일): 사후(死後), 또는 출생 후 21일째.

西南(서남): 서쪽과 남쪽.

西門(서문): 서쪽으로 나 있는 문.

西北(서북): 서쪽과 북쪽.

西人(서인): 서양인.

西土(서토): 서쪽 땅.

水門(수문): 저수지나 수로(水路)에 설치하여 수량(水量)을 조절하는 문.

水火(수화): 물과 불.

十月(시월): 한 해의 열 번째 달.

十一(십일): 열하나.

十二月(십이월): 한 해의 마지막 달.

十日(십일): 열흘(10).

十八金(십팔금): 금붙이의 순도를 나타내는 말.

女人(여인): 성년이 된 여자.

女子(여자): 사람을 두 성(性)으로 나눈 한 쪽. 여성인 사람.

女兄(여형): 손윗누이.

五六月(오:뉴월): 오월과 유월.

五十(오:십): 쉰(50).

五月(오:월): 한 해의 다섯째 달.

五日(오:일): 닷새.

月日(월일): 달과 해.

六十(육십): 예순(60).

六十一(육십일): 예순 하나(61).

六日(육일): 엿새.

二男(이:남): ①두 아들. ②둘째 아들. 차남(次男).

二女(이:녀): ①두 딸. ②둘째 딸. 차녀(次女).

二十(이:십): 스물(20).

二月(이:월): 일년의 두 번째 달.

二日(이:일): 그 달의 둘째 날. 이틀.

二七日 (이:칠일): ①사람이 죽은 지 14일째 되는 날. 두이레. ②아기가 태어난 지 14일째 되는 날.

人人 (인인): 여러 사람마다 각자.

人子 (인자): 사람의 아들.

人火 (인화): 사람의 과실에 의한 화재.

一金 (일금): 돈의 액수를 쓸 때 그 앞에 '돈'이란 뜻으로 쓰는 말.

一木 (일목): 한 그루의 나무.

一門 (일문): ①하나의 문. ②한 가족.

一月 (일월): 1년 중의 첫 달. 정월.

一日 (일일): ①하루. 종일(終日). ②어느 한 날. ③그 달의 첫 날.

日東 (일동): 해가 동쪽에 뜸. ↔ 일서(日西).

日月 (일월): ①해와 달. ②세월. 광음(光陰).

日人 (일인): 일본 사람.

日子 (일자): ①날 수. ②날. 날짜.

子女 (자녀): 아들과 딸. 아들딸.

子弟 (자제): 남의 집 아들을 높여 일컫는 말.

弟子 (제:자): 스승의 가르침을 받거나 받은 사람. =문도(門徒).

弟兄 (제:형): ①형제. ②남을 친밀하게 이르는 말.

七十 (칠십): 일흔(70).

七月 (칠월): 한 해의 일곱째 달.

七日 (칠일): 초이레.

七七 (칠칠): 칠월 칠석을 달리 이르는 말.

七七日 (칠칠일): 사십구일.

七八月 (칠팔월): 칠월과 팔월.

土金 (토금): ①금빛이 나는 흙. ②흙과 모래 속에 섞여 있는 금.

土木(토목): ①흙과 나무. ②목재나 철재·토석 등을 사용하여 도로나 다리·항만 따위를 건설하거나 그것을 유지하기 위한 공사 등을 통틀어 이르는 말.

土門(토문): 좌우로 흙을 쌓아 올리기만 하고 지붕이 없는 문.

土人(토인): ①미개한 지역에 정착하여 원시적인 생활을 하고 있는 종족을 얕잡아 이르는 말. ②흙으로 만든 인형.

八九月(팔구월): 팔월과 구월.

八十(팔십): 여든(80).

八日(팔일): 여드레. 여드렛날.

兄弟(형제): 형과 아우.

火木(화:목): 땔감으로 쓸 나무.

예상문제편

셋째마당

1. 8급 예상문제 10회 수록

2. 모범답안

 다음 물음에 맞는 답의 번호를 골라 답안지의 해당 답란에 표시하시오.

1. 오른쪽 그림에 알맞은 한자를 골라 그 번호를
   답안지에 표기하시오.　　　(　　　　)

   　　①二　　　　　　②土

   　　③西　　　　　　④月

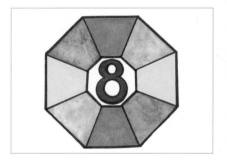

2. 오른쪽 그림에 알맞은 한자를 골라 그 번호를
   답안지에 표기하시오.　　　(　　　　)

   　　①五　　　　　　②六

   　　③七　　　　　　④八

3. 오른쪽 그림에 알맞은 한자를 골라 그 번호를
   답안지에 표기하시오.　　　(　　　　)

   　　①人　　　　　　②母

   　　③兄　　　　　　④女

다음 한자의 훈음을 <보기>에서 골라 그 번호를 답안지에 표기하시오.

4. 母 (   )   5. 木 (   )   6. 弟 (   )

보기 ①나무 목   ②아우 제   ③다섯 오   ④어머니 모

7. 父 (   )   8. 北 (   )   9. 四 (   )

보기 ①아버지 부   ②넉 사   ③북녘 북   ④다섯 오

다음 훈음에 맞는 한자를 <보기>에서 골라 그 번호를 답안지에 표기하시오.

10. 쇠 금 (   ) 11. 서녘 서 (   ) 12. 여자 녀 (   )

보기 ①日   ②金   ③女   ④西

13. 다섯 오 (   ) 14. 맏 형 (   ) 15. 흙 토 (   )

보기 ①兄   ②土   ③母   ④五

16. 불 화 (   ) 17. 물 수 (   )

보기 ①東   ②水   ③南   ④火

다음 한자어의 독음을 <보기>에서 골라 그 번호를 답안지에 표기하시오.

18. 男子 (   )   19. 九日 (   )   20. 七月 (   )

| 보기 | ①칠월 | ②칠일 | ③남자 | ④구일 |

다음 독음과 뜻에 맞는 한자어를 <보기>에서 골라 그 번호를 답안지에 표기하시오.

21. 일문 : 한 가족. (   )   22. 일동 : 해가 동쪽에 뜸. (   )

| 보기 | ①日門 | ②一東 | ③日東 | ④一門 |

다음 문장을 읽고 알맞은 답을 골라 그 번호를 답안지에 표기하시오.

| 보기 | 수를 헤아릴 때 스물을 23)二十 이라 하고 서른을 24)삼십이라고 한다. |

23. 위의 밑줄 친 '二十'을 바르게 읽은 것은?   (   )
   ①일십   ②이십   ③사십   ④구십

24. 위의 밑줄 친 '삼십'을 한자로 바르게 쓴 것은?   (   )
   ①一十   ②三十   ③五十   ④七十

25. "이번 백일장에서 南人들의 성적이 좋았다"에서 밑줄친 '南人'의 독음은?
                                                            (   )
   ①동인   ②서인   ③남인   ④북인

 다음 물음에 맞는 답의 번호를 골라 답안지의 해당 답란에 표시하시오.

1. 오른쪽 그림에 알맞은 한자를 골라 그 번호를
   답안지에 표기하시오.   (   )

   ① 門   ② 十

   ③ 東   ④ 西

2. 오른쪽 그림에 알맞은 한자를 골라 그 번호를
   답안지에 표기하시오.   (   )

   ① 五   ② 六

   ③ 七   ④ 八

3. 오른쪽 그림에 알맞은 한자를 골라 그 번호를
   답안지에 표기하시오.   (   )

   ① 三   ② 北

   ③ 南   ④ 人

다음 한자의 훈음을 <보기>에서 골라 그 번호를 답안지에 표기하시오.

4. 金 (   )   5. 北 (   )   6. 四 (   )

보기 / ①북녘 북   ②넉 사   ③한 일   ④쇠 금

7. 弟 (   )   8. 八 (   )   9. 子 (   )

보기 / ①아우 제   ②아들 자   ③여덟 팔   ④달 월

 다음 훈음에 맞는 한자를 <보기>에서 골라 그 번호를 답안지에 표기하시오.

10. 아홉   구 (   )   11. 어머니 모 (   )   12. 남자   남 (   )

보기 / ①日   ②九   ③男   ④母

13. 맏   형 (   )   14. 동녘   동 (   )   15. 흙   토 (   )

보기 / ①東   ②土   ③七   ④兄

16. 남녘   남 (   )   17. 서녘   서 (   )

보기 / ①東   ②西   ③南   ④北

다음 한자어의 독음을 <보기>에서 골라 그 번호를 답안지에 표기하시오.

18. 水火 (   )   19. 一木 (   )   20. 二七 (   )

보기   ①수화   ②이칠   ③일목   ④삼팔

다음 독음과 뜻에 맞는 한자어를 <보기>에서 골라 그 번호를 답안지에 표기하시오.

21. 부녀 : 아버지와 딸. (   )   22. 팔십 : 여든. (   )

보기   ①父子   ②父女   ③九十   ④八十

다음 문장을 읽고 알맞은 답을 골라 그 번호를 답안지에 표기하시오.

보기   등교 길에 친구들끼리 23)三三 24)오오 무리를 이루어 등교하고 있습니다.

23. 위의 밑줄 친 '三三'을 바르게 읽은 것은?   (   )

    ①삼삼   ②사사   ③육육   ④구구

24. 위의 밑줄 친 '오오'를 한자로 바르게 쓴 것은?   (   )

    ①四四   ②五五   ③七七   ④八八

25. "日月이 화살처럼 빠르다"에서 밑줄 친 '日月'의 독음은?   (   )

    ①해달   ②이월   ③일월   ④해월

 다음 물음에 맞는 답의 번호를 골라 답안지의 해당 답란에 표시하시오.

1. 오른쪽 그림에 알맞은 한자를 골라 그 번호를
   답안지에 표기하시오.   (   )

   ①火   ②木

   ③兄   ④弟

2. 오른쪽 그림에 알맞은 한자를 골라 그 번호를
   답안지에 표기하시오.   (   )

   ①二   ②三

   ③四   ④五

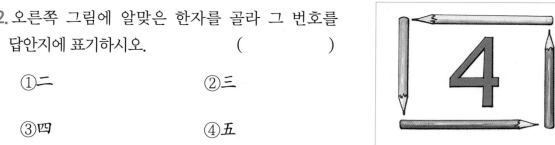

3. 오른쪽 그림에 알맞은 한자를 골라 그 번호를
   답안지에 표기하시오.   (   )

   ①人   ②一

   ③月   ④水

 다음 한자의 훈음을 <보기>에서 골라 그 번호를 답안지에 표기하시오.

4. 十 (   )   5. 日 (   )   6. 二 (   )

보기 | ①해 일   ②두 이   ③달 월   ④열 십

7. 八 (   )   8. 門 (   )   9. 六 (   )

보기 | ①여덟 팔   ②여섯 륙   ③문 문   ④다섯 오

다음 훈음에 맞는 한자를 <보기>에서 골라 그 번호를 답안지에 표기하시오.

10. 아홉 구 (   )   11. 달   월 (   )   12. 남자 남 (   )

보기 | ①日   ②九   ③男   ④月

13. 맏   형 (   )   14. 사람 인 (   )   15. 다섯   오 (   )

보기 | ①人   ②五   ③母   ④兄

16. 일곱   칠 (   )   17. 흙   토 (   )

보기 | ①七   ②西   ③南   ④土

다음 한자어의 독음을 <보기>에서 골라 그 번호를 답안지에 표기하시오.

18. 九月 (   )   19. 一金 (   )   20. 兄弟 (   )

보기
①한금   ②형제   ③일금   ④구월

 다음 독음과 뜻에 맞는 한자어를 <보기>에서 골라 그 번호를 답안지에 표기하시오.

21. 삼남 : 형제 중 셋째. (   )   22. 인화 : 사람의 잘못으로 난 불. (   )

보기
①三日   ②三男   ③人火   ④火人

 다음 문장을 읽고 알맞은 답을 골라 그 번호를 답안지에 표기하시오.

보기
우리 가족은 23)母女와 24)부자 네 사람으로 이루어져 있다.

23. 위의 밑줄 친 '母女'를 바르게 읽은 것은?   (   )
①모자   ②부녀   ③여자   ④모녀

24. 위의 밑줄 친 '부자'를 한자로 바르게 쓴 것은?   (   )
①父母   ②父子   ③母子   ④父女

25. "東西南北의 네 방향이 있다"에서 밑줄 친 '東西南北'의 독음은? (   )
①동서남북   ②동남서북   ③서북동남   ④남남북녀

 다음 물음에 맞는 답의 번호를 골라 답안지의 해당 답란에 표시하시오.

1. 오른쪽 그림에 알맞은 한자를 골라 그 번호를
답안지에 표기하시오.　　　(　　　　)

　　①男　　　　　　　②金

　　③火　　　　　　　④九

2. 오른쪽 그림에 알맞은 한자를 골라 그 번호를
답안지에 표기하시오.　　　(　　　　)

　　①四　　　　　　　②七

　　③九　　　　　　　④十

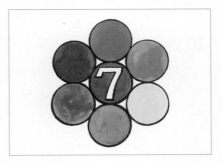

3. 오른쪽 그림에 알맞은 한자를 골라 그 번호를
답안지에 표기하시오.　　　(　　　　)

　　①月　　　　　　　②北

　　③西　　　　　　　④父

다음 한자의 훈음을 <보기>에서 골라 그 번호를 답안지에 표기하시오.

4. 母 (   )   5. 木 (   )   6. 父 (   )

보기 / ①나무 목   ②아버지 부   ③물   수   ④어머니 모

7. 十 (   )   8. 水 (   )   9. 六 (   )

보기 / ①열   십   ②여섯 륙   ③물   수   ④다섯 오

다음 훈음에 맞는 한자를 <보기>에서 골라 그 번호를 답안지에 표기하시오.

10. 한   일 (   ) 11. 다섯   오 (   ) 12. 두   이 (   )

보기 / ①日   ②一   ③二   ④五

13. 여자   녀 (   ) 14. 맏   형 (   ) 15. 흙   토 (   )

보기 / ①女   ②土   ③母   ④兄

16. 달   월 (   ) 17. 불   화 (   )

보기 / ①月   ②火   ③水   ④北

다음 한자어의 독음을 <보기>에서 골라 그 번호를 답안지에 표기하시오.

18. 金人 (   )   19. 日子 (   )   20. 八九 (   )

보기 ①금인   ②일자   ③팔구   ④입구

 다음 독음과 뜻에 맞는 한자어를 <보기>에서 골라 그 번호를 답안지에 표기하시오.

21. 토문 : 좌우로 흙을 쌓아 올려 만든 지붕이 없는 문. (   )

22. 동서 : 동쪽과 서쪽. (   )

보기 ①西東   ②土門   ③東西   ④南門

다음 문장을 읽고 알맞은 답을 골라 그 번호를 답안지에 표기하시오.

보기 우리 속담에 23)南男 24)북녀라고 하여 북쪽에 미인이 많다고 한다.

23. 위의 밑줄 친 '南男'을 바르게 읽은 것은? (   )
　①호남   ②미남   ③남남   ④남녀

24. 위의 밑줄 친 '북녀'를 한자로 바르게 쓴 것은? (   )
　①三女   ②北子   ③男女   ④北女

25. "남을 친밀하게 이야기 할 때 弟兄이라 한다"에서 밑줄 친 '弟兄'의 독음은? (   )
　①제형   ②형제   ③제자   ④제녀

 다음 물음에 맞는 답의 번호를 골라 답안지의 해당 답란에 표시하시오.

1. 오른쪽 그림에 알맞은 한자를 골라 그 번호를
   답안지에 표기하시오.　　　(　　　　　)

   ① 九　　　　　　　② 十

   ③ 八　　　　　　　④ 七

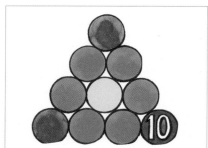

2. 오른쪽 그림에 알맞은 한자를 골라 그 번호를
   답안지에 표기하시오.　　　(　　　　　)

   ① 女　　　　　　　② 男

   ③ 三　　　　　　　④ 一

3. 오른쪽 그림에 알맞은 한자를 골라 그 번호를
   답안지에 표기하시오.　　　(　　　　　)

   ① 四　　　　　　　② 母

   ③ 日　　　　　　　④ 三

다음 한자의 훈음을 <보기>에서 골라 그 번호를 답안지에 표기하시오.

4. 二 (   )   5. 木 (   )   6. 金 (   )

보기 ①나무 목   ②두 이   ③달 월   ④쇠 금

7. 弟 (   )   8. 門 (   )   9. 六 (   )

보기 ①아우 제   ②여섯 륙   ③문 문   ④다섯 오

다음 훈음에 맞는 한자를 <보기>에서 골라 그 번호를 답안지에 표기하시오.

10. 남자 남 (   )   11. 달 월 (   )   12. 여덟 팔 (   )

보기 ①日   ②八   ③男   ④月

13. 맏 형 (   )   14. 한 일 (   )   15. 물 수 (   )

보기 ①一   ②水   ③母   ④兄

16. 서녘 서 (   )   17. 다섯 오 (   )

보기 ①五   ②西   ③南   ④北

다음 한자어의 독음을 <보기>에서 골라 그 번호를 답안지에 표기하시오.

18. 九九 (   )   19. 南土 (   )   20. 七七 (   )

 ①남토   ②제형   ③구구   ④칠칠

 다음 독음과 뜻에 맞는 한자어를 <보기>에서 골라 그 번호를 답안지에 표기하시오.

21. 북인 : 북방의 사람. (   )   22. 부녀 : 아버지와 딸. (   )

보기 / ①父人   ②北人   ③北東   ④父女

다음 문장을 읽고 알맞은 답을 골라 그 번호를 답안지에 표기하시오.

보기 / 날을 헤아릴 때에 사흘을 23)三日 이라 하고 나흘을 24)사일이라고 합니다.

23. 위의 밑줄 친 '三日'을 바르게 읽은 것은?   (   )
①사일   ②삼일   ③이일   ④일일

24. 위의 밑줄 친 '사일'을 한자로 바르게 쓴 것은?   (   )
①四日   ②五日   ③六日   ④七日

25. "門弟子는 스승을 존경해야 한다"에서 밑줄 친'門弟子'의 독음은?   (   )
①문제자   ②문자제   ③문하생   ④간제자

 다음 물음에 맞는 답의 번호를 골라 답안지의 해당 답란에 표시하시오.

1. 오른쪽 그림에 알맞은 한자를 골라 그 번호를
   답안지에 표기하시오.　　　(　　　　　)

   ①子　　　　　　　②女

   ③人　　　　　　　④母

2. 오른쪽 그림에 알맞은 한자를 골라 그 번호를
   답안지에 표기하시오.　　　(　　　　　)

   ①東　　　　　　　②西

   ③南　　　　　　　④北

3. 오른쪽 그림에 알맞은 한자를 골라 그 번호를
   답안지에 표기하시오.　　　(　　　　　)

   ①二　　　　　　　②三

   ③四　　　　　　　④五

8급예상문제

🐋 다음 한자의 훈음을 <보기>에서 골라 그 번호를 답안지에 표기하시오.

4. 九 (   )   5. 男 (   )   6. 女 (   )

| 보기 | ①남자 남 | ②여자 녀 | ③달 월 | ④아홉 구 |

7. 父 (   )   8. 母 (   )   9. 北 (   )

| 보기 | ①아버지 부 | ②북녘 북 | ③어머니 모 | ④남녘 남 |

🐋 다음 훈음에 맞는 한자를 <보기>에서 골라 그 번호를 답안지에 표기하시오.

10. 사람 인 (   ) 11. 한 일 (   ) 12. 여덟 팔 (   )

| 보기 | ①日 | ②人 | ③入 | ④一 |

13. 흙 토 (   ) 14. 불 화 (   ) 15. 맏 형 (   )

| 보기 | ①火 | ②土 | ③母 | ④兄 |

16. 다섯 오 (   ) 17. 서녘 서 (   )

| 보기 | ①北 | ②西 | ③南 | ④五 |

다음 한자어의 독음을 <보기>에서 골라 그 번호를 답안지에 표기하시오.

18. 二日 (   )   19. 三七 (   )   20. 東南 (   )

보기   ①이일   ②동남   ③삼칠   ④오칠

 다음 독음과 뜻에 맞는 한자어를 <보기>에서 골라 그 번호를 답안지에 표기하시오.

21. 수문 : 저수지에 설치하여 물의 양을   22. 토금 : 흙과 모래가 섞여 있는 금.
　　조절하는 문. (   )   (   )

보기   ①土金   ②水門   ③土日   ④水火

 다음 문장을 읽고 알맞은 답을 골라 그 번호를 답안지에 표기하시오.

보기   나의 생일은 23)十月의 하순인 24)삼십일이다.

23. 위의 밑줄 친 '十月'을 바르게 읽은 것은?   (   )
　　①시월   ②구월   ③팔월   ④칠월

24. 위의 밑줄 친 '삼십'을 한자로 바르게 쓴 것은?   (   )
　　①二三   ②十日   ③二日   ④三十

25. "동기간을 兄弟라고 한다"에서 밑줄 친 '兄弟'의 독음은?   (   )
　　①제형   ②제형   ③형제   ④자제

 다음 물음에 맞는 답의 번호를 골라 답안지의 해당 답란에 표시하시오.

1. 오른쪽 그림에 알맞은 한자를 골라 그 번호를
   답안지에 표기하시오.   (   )

   ①東   ②西

   ③南   ④北

2. 오른쪽 그림에 알맞은 한자를 골라 그 번호를
   답안지에 표기하시오.   (   )

   ①父   ②母

   ③子   ④女

3. 오른쪽 그림에 알맞은 한자를 골라 그 번호를
   답안지에 표기하시오.   (   )

   ①一   ②二

   ③三   ④四

 다음 한자의 훈음을 <보기>에서 골라 그 번호를 답안지에 표기하시오.

4. 水 (   )   5. 火 (   )   6. 四 (   )

보기	①불 화	②넉 사	③달 월	④물 수

7. 九 (   )   8. 八 (   )   9. 東 (   )

보기	①아홉 구	②여덟 팔	③동녘 동	④물 수

 다음 훈음에 맞는 한자를 <보기>에서 골라 그 번호를 답안지에 표기하시오.

10. 쇠   금 (   )   11. 달   월 (   )   12. 남자   남 (   )

보기	①金	②九	③男	④月

13. 흙   토 (   )   14. 여자   녀 (   )   15. 맏   형 (   )

보기	①母	②土	③女	④兄

16. 남녘   남 (   )   17. 아버지 부 (   )

보기	①三	②南	③西	④父

다음 한자어의 독음을 <보기>에서 골라 그 번호를 답안지에 표기하시오.

18. 弟兄 (   )   19. 七十 (   )   20. 西北 (   )

보기 | ①칠십   ②형제   ③제형   ④서북

다음 독음과 뜻에 맞는 한자어를 <보기>에서 골라 그 번호를 답안지에 표기하시오.

21. 토목 : 흙과 나무. (   )   22. 일인 : 일본 사람. (   )

보기 | ①日人   ②土門   ③一人   ④土木

다음 문장을 읽고 알맞은 답을 골라 그 번호를 답안지에 표기하시오.

보기 | 우리 형제들은 23)一男 24)이녀로 세 사람 모두가 우애있게 지낸다.

23. 위의 밑줄 친 '一男'을 바르게 읽은 것은?   (   )
　　①일남   ②이남   ③일이   ④일삼

24. 위의 밑줄 친 '이녀'를 한자로 바르게 쓴 것은?   (   )
　　①一女   ②二女   ③二母   ④二子

25. "五六月은 여름철에 해당한다."에서 밑줄 친 '五六月'의 독음은?   (   )
　　①육칠월   ②오뉴월   ③칠팔월   ④구시월

 다음 물음에 맞는 답의 번호를 골라 답안지의 해당 답란에 표시하시오.

1. 오른쪽 그림에 알맞은 한자를 골라 그 번호를
   답안지에 표기하시오.   (   )

   ①木   ②東

   ③母   ④門

2. 오른쪽 그림에 알맞은 한자를 골라 그 번호를
   답안지에 표기하시오.   (   )

   ①五   ②四

   ③三   ④二

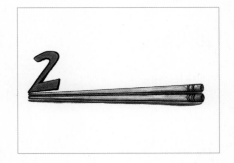

3. 오른쪽 그림에 알맞은 한자를 골라 그 번호를
   답안지에 표기하시오.   (   )

   ①木   ②火

   ③水   ④日

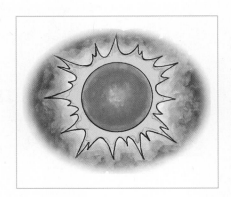

다음 한자의 훈음을 <보기>에서 골라 그 번호를 답안지에 표기하시오.

4. 南 (   )   5. 父 (   )   6. 男 (   )

보기 ①남자 남   ②아버지 부   ③남녘 남   ④여자 녀

7. 母 (   )   8. 四 (   )   9. 金 (   )

보기 ①넉 사   ②어머니 모   ③문 문   ④쇠 금

다음 훈음에 맞는 한자를 <보기>에서 골라 그 번호를 답안지에 표기하시오.

10. 서녘   서 (   )   11. 다섯   오 (   )   12. 맏   형 (   )

보기 ①日   ②西   ③兄   ④五

13. 한   일 (   )   14. 여덟   팔 (   )   15. 일곱   칠 (   )

보기 ①火   ②一   ③七   ④八

16. 해   일 (   )   17. 동녘   동 (   )

보기 ①西   ②東   ③南   ④日

다음 한자어의 독음을 <보기>에서 골라 그 번호를 답안지에 표기하시오.

18. 北門 (   )   19. 三月 (   )   20. 水火 (   )

보기 | ①남북   ②삼월   ③수화   ④북문

다음 독음과 뜻에 맞는 한자어를 <보기>에서 골라 그 번호를 답안지에 표기하시오.

21. 토인 : 흙으로 만든 인형. (   )   22. 목인 : 나무로 만든 사람 형상. (   )

보기 | ①土人   ②二人   ③木人   ④十人

다음 문장을 읽고 알맞은 답을 골라 그 번호를 답안지에 표기하시오.

보기 | 아들과 딸을 23)子女라고 하고 높여 부르는 말로 24)자제라고도 합니다.

23. 위의 밑줄 친 '子女'를 바르게 읽은 것은?   (   )

①여자   ②삼녀   ③남자   ④자녀

24. 위의 밑줄 친 '자제'를 한자로 바르게 쓴 것은?   (   )

①父子   ②弟子   ③子弟   ④母子

25. "九十月은 가을에 해당합니다"에서 밑줄 친 '九十月'의 독음은?   (   )

①구시월   ②팔구월   ③구십일   ④십구일

 다음 물음에 맞는 답의 번호를 골라 답안지의 해당 답란에 표시하시오.

1. 오른쪽 그림에 알맞은 한자를 골라 그 번호를
   답안지에 표기하시오.   (   )
   ① 北   ② 南

   ③ 西   ④ 東

2. 오른쪽 그림에 알맞은 한자를 골라 그 번호를
   답안지에 표기하시오.   (   )
   ① 母   ② 弟

   ③ 三   ④ 女

3. 오른쪽 그림에 알맞은 한자를 골라 그 번호를
   답안지에 표기하시오.   (   )
   ① 四   ② 三

   ③ 二   ④ 一

다음 한자의 훈음을 <보기>에서 골라 그 번호를 답안지에 표기하시오.

4. 九 (　　　)　　　5. 男 (　　　)　　　6. 東 (　　　)

보기 | ①남자 남　　②동녘 동　　③달 월　　④아홉 구

7. 西 (　　　)　　　8. 水 (　　　)　　　9. 子 (　　　)

보기 | ①물 수　　②아들 자　　③서녘 서　　④여자 녀

다음 훈음에 맞는 한자를 <보기>에서 골라 그 번호를 답안지에 표기하시오.

10. 흙　토 (　　　)　11. 여덟　팔 (　　　)　12. 아우　제 (　　　)

보기 | ①六　　②土　　③八　　④弟

13. 열　십 (　　　)　14. 아버지 부 (　　　)　15. 어머니 모 (　　　)

보기 | ①十　　②五　　③母　　④父

16. 맏　형 (　　　)　17. 불　화 (　　　)

보기 | ①東　　②兄　　③南　　④火

다음 한자어의 독음을 <보기>에서 골라 그 번호를 답안지에 표기하시오.

18. 二女 (   )   19. 木門 (   )   20. 七日 (   )

보기 | ①이녀   ②칠일   ③목문   ④오일

 다음 독음과 뜻에 맞는 한자어를 <보기>에서 골라 그 번호를 답안지에 표기하시오.

21. 금인 : 금속으로 만든 사람의 상.   22. 삼남 : 영남, 호남, 충청지방을 모두
(   )   이르는 말.   (   )

보기 | ①金人   ②十人   ③三南   ④三男

 다음 문장을 읽고 알맞은 답을 골라 그 번호를 답안지에 표기하시오.

보기 | 23)五月은 가정의 달입니다 24)부모님께 효도하는 어린이가 됩시다.

23. 위의 밑줄 친 '五月'을 바르게 읽은 것은?   (   )
    ①오일   ②오월   ③삼월   ④팔월

24. 위의 밑줄 친 '부모'를 한자로 바르게 쓴 것은?   (   )
    ①父母   ②母父   ③父子   ④母子

25. "우리 반의 학생 수는 四十명이다"에서 밑줄 친 '四十'의 독음은?   (   )
    ①삼십   ②사십   ③오십   ④칠십

 다음 물음에 맞는 답의 번호를 골라 답안지의 해당 답란에 표시하시오.

1. 오른쪽 그림에 알맞은 한자를 골라 그 번호를
   답안지에 표기하시오.　　　　（　　　　　）

   ① 十　　　　　　　② 九

   ③ 八　　　　　　　④ 七

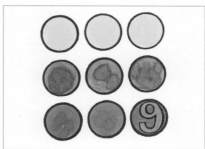

2. 오른쪽 그림에 알맞은 한자를 골라 그 번호를
   답안지에 표기하시오.　　　　（　　　　　）

   ① 金　　　　　　　② 木

   ③ 水　　　　　　　④ 火

3. 오른쪽 그림에 알맞은 한자를 골라 그 번호를
   답안지에 표기하시오.　　　　（　　　　　）

   ① 女　　　　　　　② 子

   ③ 人　　　　　　　④ 父

다음 한자의 훈음을 <보기>에서 골라 그 번호를 답안지에 표기하시오.

4. 母 (   )   5. 木 (   )   6. 四 (   )

보기 ①나무 목   ②넉 사   ③아홉 구   ④어머니 모

7. 父 (   )   8. 土 (   )   9. 二 (   )

보기 ①흙 토   ②남녘 남   ③아버지 부   ④두   이

다음 훈음에 맞는 한자를 <보기>에서 골라 그 번호를 답안지에 표기하시오.

10. 여섯 륙 (   ) 11. 달   월 (   ) 12. 일곱   칠 (   )

보기 ①日   ②六   ③七   ④月

13. 맏   형 (   ) 14. 남녘 남 (   ) 15. 불   화 (   )

보기 ①南   ②火   ③母   ④兄

16. 남자 남 (   ) 17. 아들   자 (   )

보기 ①男   ②子   ③南   ④女

다음 한자어의 독음을 <보기>에서 골라 그 번호를 답안지에 표기하시오.

18. 南北 (   )   19. 東西 (   )   20. 父兄 (   )

보기
①동서   ②형제   ③남북   ④부형

다음 독음과 뜻에 맞는 한자어를 <보기>에서 골라 그 번호를 답안지에 표기하시오.

21. 십일 : 열하나. (   )   22. 팔일 : 여드레. (   )

보기
①十日   ②十一   ③東北   ④八日

다음 문장을 읽고 알맞은 답을 골라 그 번호를 답안지에 표기하시오.

보기
스승의 가르침을 받는 사람을 23)門人이라고도 하고 24)제자라고도 합니다.

23. 위의 밑줄 친 '門人'을 바르게 읽은 것은?   (   )
　　①문인   ②간입   ③문자   ④간인

24. 위의 밑줄 친 '제자'를 한자로 바르게 쓴 것은?   (   )
　　①子弟   ②父子   ③弟子   ④母子

25. "철수의 동생은 三男이다"에서 밑줄 친 '三男'의 독음은?   (   )
　　①삼십   ②이남   ③오녀   ④삼남

확인학습 모범답안

1 1.③ 2.① 3.① 4.② 5.① 6.④ 7.一二三四五六七八九

2 1.② 2.③ 3.① 4.③ 5.② 6.① 7.① 8.④

예상문제 모범답안

1 1.② 2.④ 3.③ 4.④ 5.① 6.② 7.① 8.③ 9.② 10.②
11.④ 12.③ 13.④ 14.① 15.② 16.④ 17.② 18.③
19.④ 20.① 21.④ 22.③ 23.② 24.② 25.③

2 1.① 2.② 3.④ 4.④ 5.① 6.② 7.① 8.③ 9.② 10.②
11.④ 12.③ 13.④ 14.① 15.② 16.③ 17.② 18.①
19.③ 20.② 21.② 22.④ 23.① 24.② 25.③

③ 1.② 2.③ 3.④ 4.④ 5.① 6.② 7.① 8.③ 9.② 10.②
11.④ 12.③ 13.④ 14.① 15.② 16.① 17.④ 18.④
19.③ 20.② 21.② 22.③ 23.④ 24.② 25.①

④ 1.③ 2.② 3.① 4.④ 5.① 6.② 7.① 8.③ 9.② 10.②
11.④ 12.③ 13.① 14.④ 15.② 16.① 17.② 18.①
19.② 20.③ 21.② 22.③ 23.③ 24.④ 25.①

⑤ 1.② 2.② 3.② 4.② 5.① 6.④ 7.① 8.③ 9.② 10.③
11.④ 12.② 13.④ 14.① 15.② 16.② 17.① 18.③
19.① 20.④ 21.② 22.④ 23.② 24.① 25.①

⑥ 1.① 2.② 3.④ 4.④ 5.① 6.② 7.① 8.③ 9.② 10.②
11.④ 12.③ 13.② 14.① 15.④ 16.④ 17.② 18.①
19.③ 20.② 21.② 22.① 23.① 24.④ 25.③

7 1.③ 2.① 3.③ 4.④ 5.① 6.② 7.① 8.② 9.③ 10.①
11.④ 12.③ 13.② 14.③ 15.④ 16.② 17.④ 18.③
19.① 20.④ 21.④ 22.① 23.① 24.② 25.②

8 1.② 2.④ 3.④ 4.③ 5.② 6.① 7.② 8.① 9.④ 10.②
11.④ 12.③ 13.② 14.④ 15.③ 16.④ 17.② 18.④
19.② 20.③ 21.① 22.③ 23.④ 24.③ 25.①

9 1.① 2.② 3.④ 4.④ 5.① 6.② 7.③ 8.① 9.② 10.②
11.③ 12.④ 13.① 14.④ 15.③ 16.② 17.④ 18.①
19.③ 20.② 21.① 22.③ 23.② 24.① 25.②

10 1.② 2.① 3.① 4.④ 5.① 6.② 7.③ 8.① 9.④ 10.②
11.④ 12.③ 13.④ 14.① 15.② 16.① 17.② 18.③
19.① 20.④ 21.② 22.④ 23.① 24.③ 25.④

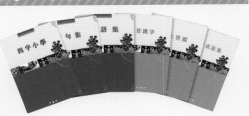

대한검정회

漢字

漢字급수자격 8급

8급

국가공인 한자급수자격검정대비

- ☑ **가장 빠른** 한자자격취득 **지침서**
- ☑ 8급 100%합격 **프로그램**
- ☑ **실전대비** 예상문제 10회 **수록**

13710

9 788988 976425
ISBN 978-89-88976-42-5

정가 9,000원